पारिजात पुष्प माल

Garland to Divine her

Dr Harsh Patel

BookLeaf Publishing

India | USA | UK

Made with ❤ on the BookLeaf Publishing Platform
www.bookleafpub.in
www.bookleafpub.com

Dedication

Dedicating to enchantress of my three world I.e. Dream, Sleep and Awake state.
who is just felt me joy of Turiya and for fraction of time dissolve in her beauty.
Knower and owner of all mater of this Universe :

Rajarajeshwari : She who is ruler of universe

Mahakameshwari : She who regulates and manifests desires

Mahatandavshakshini : She who have witnessed the destruction and dissolution

Tripura : Goddess of Three word

Shiva : She who is Wife of Shiva

Lalita : She who knows to play with universe

Shree *:* She who have created this beautiful network of material around us
Shodashi *:* She is young and beautiful like 16 year old

Preface

My dedication is my preface.
let you read and explore her divine.

Acknowledgements

Thank you to My Parents, Teachers and Friends!

1. अरुणा (Her favourite colour and Her 316th Name : Lalitasahatranam Shlok 49)

धीर धीर रात ढले ।
सूरज किन दरस न दे ।।
आस अभ उन किरणों से है ।
चीरे राज़ रात ने है जो रखे ।।

किरणों की कला ऐसी ।
नभ को कैसे भेद रही ।।
श्रृंगार करके आकाश का ।
लालिमा जो भर रही ।।

तमस या वो घोरकार ।
चला जाता छिपके कहि।।
आसमा से होती ओझल ।
रात पर वो हसती रही ।।

जुगनुओं का मेला सजता,
चमकते हैं चुपके सवेरे।
धुंधलके में मुस्काते,
बड़े राज़ अपने समेटे।

चांदनी की चादर निकाले
सपनो से यूं फिर से उठती
हर तारे होते ओझल
आसमान में छिपके सारे।

अरुणा तेरी करुणा
तू अम्बर है सजाये
लालिमा ललिता लाती
नभ में नवजीवन सजाये ।।

2. वादिनी (One who repeats name of Shiva : Shivpurana 2.3.30)

गुन गुना ते मधुकर सारे
खिल खिलाती किशोरियाँ
कलेरव खग करे नभ में
संगीत है वो सरस्वती |

गमकों से बारिशे करती
मुर्कियों से निर्वात भरती
पलटे पलटा रहे रूह को
संगीत है वो सरस्वती |

संगीत है वो प्रीत जो
बिन टले चलती रहे
कानो से मन के तले
संगीत है वो सरस्वती |

बस वायु के वो वेग से

मन को मिला संदेश जो
मन चित्त को समजा रहा
संगीत है वो सरस्वती ।

भले गहन हो अंधकार
एक नाद रूप में तू तैरती
सभ नाद का एक कार तू
संगीत है सदाशिव का भी ।

3. विलाप स्तुति (Her Flame : Dakshyagna : Shatrudrasamhita chapter 42-44 ShivPuran)

हे देवी.....
तू श्वास से प्राण बनी
ये माया है तेरी कैसी
तू आदि मद अंत भयी ।

हे देवी.....
तू नेत्रो में अश्रु बनी
ज्वाला जली ऐसी जहाँ
त्रिनेत्र को पीड़ा भयी ।

हे देवी......
किस दुःख से जली
बनके तू विश्वंभरी पर
विश्व से तू चली गई ।

हे देवी.......
ये देख तू क्या हुआ
जीव सभी मुर्झा गए
और नदिया भी सूख रही ।

कैसा तेरा स्वमान था
की लाज रख भस्म भयी
जब आहुति तेरी हुई
मन देवों का मसल गयी ।

हो प्रकृति की तू है माँ
तू ही तो है पालिका
नव जीवन वरदायिनी
तू है वो नव रसप्रभा ।

था अहंकार दक्ष का
जो जकार हर ने दिया
पीसी तू ऐसी वेदना से
चिंगारी बन दहक गई ।

सुना ये संसार रख
देवी तू अदृश्य हुई ।
फिर से पुकारू तुझे
आके दरस दे कहीं ।

4. सोमरस दात्री (She who pleases with divine somarasa : Shri Suktam)

चंद्र तू आकाश में बदलता रहे जो कला
तू तेरता वो कूप है जो सोमरस से है भरा
ढूँढने को तुझे इंद्र भी चमकता जुगनू बना
प्यास है राग की जो तेरे रस से बहक रहा
कला कर अभ तूभी बन अमावस छुप गया
अतृप्त उसकी प्यास रही कृष्णपक्ष रात को
कब आए वह पूर्णिमा की पिए तुझे स्वाद से
सोमरस को भरने वाली "श्री " को नमन करे ।

स्तुति:
श्री चाहे तो पूर्णिमा नहीं तो घोर रात्रि
तीस तेरी बदले कलाये वरुण से खेलती
प्यासे रसके भोगी को तू बैराग सिखा रही
नचाके चंद्र कलाइयों से नाट्य तू बना गई ।

यह मोह है भोगका जो तोड़ती तू नाट्य से
अगर स्थिर जो मन हो पूर्णिमा लाती तुही
पर खेल भी इसमें करे बदले नक्षत्र को यूही
बदलता रस स्वाद जो ललिता तेरा प्रसाद है ।

तू जाने मनके भेद को मन कारक सोम को
तू भ्रम मेरा भेदकर बस मुझको थोड़ा मेध दे
जैसे है तेरा चंद्र जो वैसे है मेरा मन यह
मन-कलाओ से खेल के भाव रस से भर तो दे ।

5. दावानला (Forest fire that burns forest of sin : Lalitasahastranama shloka 75)

गहरी ग्रीष्म की गर्मि से
पापकाष्ठ वृत्तिवन जले
पनपती घन वृत्तियाँ जब
सिखाती तू संयम भले ।

अगन वो जले जमीन पर
जमीन भड़के अगन से
जलते तले चलता हूँ जब
मेरी पादुका भी तू धरे ।

वृत्ति दहनकर कर निरोध
तू योग की महावैद्य है
सीखा दे तू मुझको सहना
तप को मेरे प्रबल तो कर ।

अनेक वृतिओ के वृक्ष
इस वन मन में समाये है
धर भैरवी रूप देवी का
एक एक कर भस्म कर ।

रोकके वेग वृत्तियों की
चित्त को स्तम्भित तो कर
बनके बगलामुखी देवी
पापोंको मेरे दंडित तो कर ।

आवेश में आके रे काली
काल मेरा भी तो बदल
वर्तमान में कर स्थिर मुझको
कलके भय से दूर कर ।

सहनशक्ति दे मुझे की
यह दावानल धारण करूँ
तप ताप को हृदयमें रखके
मन एक जप तेरा करूँ ।

6. कदम्ब कुसुम प्रिया (She who loves flower of kadamb : Lalita Trishati Shloka 2)

द्वीप मणि सुंदर है सुना
जाने नहीं कहा है पर ।

अरे......देखो देखो.....

मद्धम चलते जो बादल है
उनका कहीं तो आँचल है ।

हा देखा सही वो कदंब बुलाये
जाकर वहाँ यह जल बरसाये ।

ख़ुशबू मिट्टी की बहीती हवा में
आँखों को बंधकर मन बहलाये ।

वो सोनेके सभी पुष्प जो
खिल रहे है उन डाल पर ।

बिखर तो कहा हवाओ से
सब जाके लगे तेरे हार पर ।

यह चंपक के पुष्प भी
केशों में तेरे आ बस रहे ।

ओढ़े भीनी सुगंध देवी
शिव को तू बुला रही ।

आँख में वो काम है
हाथ में वो पाश है ।

धरके शुक दंड को
खीचा भ्रमर तार को ।

वो पाश छूटा आकाश में
पहोचा दुर्ग कैलाश में ।

हस नंदी खोले द्वार रे
वो जाने इसका मर्म रे ।

लक्षणा आंख का वार कर
फूलो के पाश में जो भरा ।

उतरा पाश जब प्रेम का
अघोर कामेश्वर है बना ।

7. चक्रस्वामिनीः मूलाधार (Goddess of Chakras : Soundarya lahari Shlok 9)

स्थिर धरा सी तू है
आकाश से जो व्याप्त है
गति वायु बन वेगकारी
पवित्रा अग्नि सी रहे
जल सी है तू निर्मला
पंच भूत की तू तना

मूलाधार में सोहिनी
वासना बंध तू बनी
संसार के काम का
तू राग पोषण करे

जीवन कशिश वह
जीव को जीवंत रखे
अभिनिवेश आके जो बढ़े
तू ब्रह्मा ग्रंथि को घड़े

है ब्रह्मा ग्रंथि शोधिनी
उसका तू निरोध कर
मोह है इस देह का
सहज उसको तू कर

छूटे जीव उस मोहसे
पथ मोक्ष का तू बने
सृष्टि सद्योजात की
तेरी शांति से बने

' लं ' कर मूलाधार का
जहाँ बन काली आनंद करे ।

8. महालक्ष्मी (Shri Suktam)
(Puranik description)

समुद्र तनया है तू वरदे तुम्हें सौ देवता
महामंथन की रत्ना श्री नारायण प्रिया
सुगंध मौलिक पद्म जो आवरण में लिए
हो वास वो देवी का मन को सरल करे ।

मीन के नयन है और चंचला बड़ी बला
मनसे आती जाती तू देवों की है झंखना
अंकुश धारिणी गजगामिनी तू महासुंदरी
वर न देती लेकिन पर निश्चित सी आ रही ।

राग स्वामिनी तू है जिसे वैराग कैसे सोहे?
फिर साधना तूने की शिव बिल्वपत्र थकी ।
कटाक्षतेरे नेत्र की कृपा से शिव शक्ति मिले
श्री तेरे चक्र का माहात्म्य ऋषि गा रहे ।

चन्दन वन वाहिनी ना डरे कोई सर्प से
विष नाग रत्नमणिधार समृद्ध तेरे योग से ।
जो कामना में तेरी पड़ा ना मिली तू कभी उसे
मूँद नयन हरि ने जो की तू माला वर उसे धरे ।

मन रमणी मनोरमा तू भक्ति मुक्ति दायिनी
समराज्ञी है तू वह भौतिक विश्वधारिणी ।
साथ रख नारायण संग तू सदा रहे
प्रेम करुणा सहजता मन श्री की सेवा करे ।

9. सुधावर्षिणी (Her Name from Lalita shahsranam)

घन घोर बनती घटा
जैसे आ रही हो रात्रि
कोई खग नभ में नहीं
पट वृक्ष हिलते सभी
नील जल धारण करे
क्रीड़ा करे बादल कई
घन घन घर्षण करे
विज तेज खिलके झरी
त्राड़ जोर सुनके श्रिया
उठी देख नादांत करे
त्रिलोक सौंदर्यधारिणी
सभी नभ नीलद चीरे
सुधा सहस्रा से बही
भीगी आर्द्रा दिखती सही
शुष्क रण हरित करे
जन जीव विश्व में भरे
तेरा नाम हरि जो स्मरे
तुम्हें वक्र चलता वो सुने
हरि निंद्रा जागृत तू करे

षोडशी माया यह तेरी
ब्रह्मा इंद्र शंकर भजे ।

10. आपस (Her presentation as 5 rivers)

छलके हिमगिरि से उतरती
गंगा तुही तो शिवजटा की
मूडके घूमी तू काशि पर
आपस है तू नदिया कई

यम की तू है भगिनी
भ्रात के लिए तप करी
शीत झरने नीचे बैठ
कृष्ण मोहिनी यमुना बनी

ऋक्ष पर्वत शिखर पर
शिव करुणा अश्रु झरे
नम्र वेदना मोक्ष साधिका
नर्मदा बनके तू बहे

जब कामडालू गिरा
अगस्त्य के हाथ से
तभ लोपा हुई मुक्त
बन कावेरी तरस हरे

गोदावरी बनकर तू ही
सौ वर्ष का दुकाल शमे
गौतम ऋषि की पीड़ा
और लोगो का तारण करे

आपस है तू वारुणी तू
तू जीवन की संवेदना
तू है एक तत्व जो
बहती रहे बहती रहे

11. चक्रस्वामिनी: स्वाधिष्ठान

स्वाधिस्ठान की रक्षिणी
पुष्ट सबको तू करे
वामदेव शिव हर का
स्थिति में तू साथ दे

नियंत्रित कर जल प्रवाह
तू दूषण सभी हरे
पुष्टि हो निज देह की
या सर्व रोग शमन करे

वं कार की तू राकिनी
संभोग भ्रूण रक्षण करे ।

12. चक्रस्वामिनी: मणिपुर चक्र

मणिपुर की तू है प्रभा
सत्कोटि सूर्यों की सुधा
अग्नि अघोर की धरे
बनी लाकिनी रूपिनी
लय हाथमे आयुधों
नाश ऋण रिपु का करे

रं मंत्र पाश पाणिनि
तू दानव दहन करे
अंधकार भय का दूर कर
आत्मविश्वास तू भरे

उस अग्नि का यज्ञ बने
हर अन्न दल आहुति सहे
एक आत्म हो वो तेज से
क्षुधा का जो भरण करे

13. चक्रस्वामिनीः अनाहत

अनहता करूणा मई
जो हृदय कुंज बिराजती
तू देख अंदर में कहीं
वो तेरे ही पास है रही

तत्पुरुष की वो संगिनी
रंग अंग भाव बंध से
विष्णु ग्रंथि बना रही

जो भाव के उस राग का
करे जो पीड़ा असंज्ञान से
जहा की भाषा ना बने
उस ग्रंथि को तू भेद दे

वैराग एस दे मुझे की
मुक्त ना हूँ बंध में
रहूँ में इस दुःस्तर में
जैसे पद्म उठा मलपरे

पीड़ा द्रवित भाव की

यं कार राकीण्याँ करे

14. चक्रस्वामिनी: विशुद्धि

विशुद्धि शुद्धि नहीं सरल
आकाश तत्व है गरल
एक शून्यता भी है वहाँ
भेद कई छुपा रहा

बस ध्यान कर तू मौन रख
या राग का तू गान कर
वो कंठ जहाँ विष था बँधा
वह कंठ को नियंत्रण कर

हं कार करे जो शाकिनी
काँपता हो अज्ञान जो
अक्षराम्बिका तू है
सत्य स्वर को धरे

15. चक्र स्वामिनीः आज्ञा

बृहमध्य में स्थित स्थान वो
जो पांच तत्व पालन करे
सदाशिव विराजते यहाँ

पांच मुख धारण करे
न शब्द सद्योजात का
मः है वामदेव का
शि कार में बसे अघोर
वकार में तत्पुरुष
य कार एक्या ईशान का
पंचाक्षरी शिव बने

जब पांच शिव एक हो
वो भभूत धारक
तत्व सारे लय करे
उठा कर अनुग्रह करे ।

16. चक्रस्वामिनीः सहस्त्रा

सहसारा पे तू सुंदरी
जो सदाशिव पर विराज रहे
महाराज्ञी तू हर विश्वकी
त्रिनेत्र में अति काम भरे

तुरीयातीत तू ब्रह्म है
सोहम और शिवोहम है
जो न्यास उसका हो गया
सहस्त्र दल फूट गया

अभी वर्षा वो करुणाकी करे
वो है कृपाली जो आनंद दो
बस रमन रंजन आत्मा का
उस सौंदर्य का गान करे

17. उमा मुख मंडल ध्यान (self experienced)

गौराँगी उमा तू माँ सभी की है सदैव
तेरी पूजा में करूँ तू याद मुझको करे
ये श्वेत रंग की आभा जो है शांति करा
मुख चंद्र का वो तेज है संध्या की लालिमा

सिंधुर तेरा सोहे माँग में कपाल कुमकुम करी
अभीर की सुगध धर गुलाल लाल गाल पर
नयन तेरे देखे मुझे तेरती जैसे पद्म वृंद हो
पलको पे तेरे शेष नाग धारा का जो बोज ले

कर्ण कांति करे वो कुंडलों के प्रकाश से
मुजे तो यह तारे लगे नाक की नथुनी बने
यह स्मित मुख पे है सदैव जो हेय का भोग ले
मंगल मुख मंडल मन ध्यान कर पाये तुझे

18. उपसंहार प्रथना

महा देवी ललिता माया
त्रिलोक की तू घड़े छाया
जो तेरे रूप को ध्याये
भोग मोक्ष संग में पाये

सत्य करुणा प्रेमदात्री
नित्या शुद्धा भेदे भ्रांति
तू है जहाँ वहाँ बुलाए
जहाँ कहा में हूँ तू आए

एक कार की तेरी ये विद्या
गुणी जनो में श्री कहाये
आत्म में जो तू है जलती
अंध में तू प्रकाश भर्ती

तू बाला तू माता
तू बनती भगवती
तू कामेश्वरी है
तू षोडशी है
जो माया का पट हरती

पट माया के पीछे
बस तूही तो निखरती
में प्रथना करूँ प्रेम से
तू मुझ हृदय में बसती